CLARITY Intelligence

Wie Unternehmen KI sinnvoll einsetzen –
Denkweise, Architektur und reale Lösungen aus der Praxis

Timo Westrich

Herausgeber:
Timo Westrich
Lochackerweg 3
D-82205 Gilching

contact@clarityintelligence.de
www.clarityintelligence.de

CLARITY Intelligence
MAKING THE COMPLEX SIMPLE

ISBN: 978-3-9827699-8-1

Vorwort

Dieses Buch ist aus der Praxis entstanden. Nicht aus einem Labor, nicht aus einem Innovationsprogramm und nicht aus der Beobachtung von Trends, sondern aus der täglichen Arbeit mit Unternehmen, die vor sehr konkreten Entscheidungen stehen.

Künstliche Intelligenz ist heute allgegenwärtig. Kaum ein Vorstandsgespräch, kaum eine Strategiepräsentation kommt ohne sie aus. Gleichzeitig herrscht große Unsicherheit: Was davon ist relevant? Was ist übertrieben? Und was passt tatsächlich zum eigenen Unternehmen?

Dieses Buch will keine Antworten liefern, die für alle gelten. Es will Orientierung geben. Nicht technisch, sondern strukturell. Nicht entlang von Tools, sondern entlang von Denkweisen, Entscheidungen und Verantwortlichkeiten.

Viele Organisationen verfügen heute über mehr Daten, mehr Systeme und mehr Analysefähigkeit als je zuvor – und dennoch fällt es schwerer, klare Entscheidungen zu treffen. Genau hier setzt dieses Buch an. Es beschreibt, warum Technologie allein keine Klarheit schafft, und wie Künstliche Intelligenz sinnvoll eingesetzt werden kann, ohne neue Komplexität zu erzeugen.

Die Kapitel richten sich bewusst an Entscheiderinnen und Entscheider, die nicht jeden technischen Begriff kennen müssen, aber die Verantwortung für Richtung, Prioritäten und Wirkung tragen. Es geht nicht darum, KI zu erklären, sondern darum, sie einzuordnen.

CLARITY Intelligence steht für eine Arbeitsweise, die Komplexität nicht reduziert, indem sie vereinfacht, sondern indem sie strukturiert. Diese Haltung zieht sich durch das gesamte Buch. Sie bedeutet auch, Grenzen zu benennen, bewusst nicht zu automatisieren und Verantwortung dort zu belassen, wo sie hingehört.

Dieses Buch ist kein Leitfaden im klassischen Sinn. Es ist eine Einladung zum Nachdenken – über Entscheidungen, über Zusammenarbeit und über den eigenen Umgang mit Unsicherheit.

Wenn es dazu beiträgt, KI nüchterner, klarer und wirksamer einzusetzen, hat es seinen Zweck erfüllt.

Kapitel 1

Warum so viele KI-Projekte scheitern

Künstliche Intelligenz ist in vielen Unternehmen angekommen - zumindest auf dem Papier. Strategiepapiere, Roadmaps und Präsentationen sind gefüllt mit Anwendungsfällen, Potenzialen und Zukunftsbildern. Gleichzeitig ist die Zahl der Projekte hoch, die ihre Wirkung nicht entfalten oder nach kurzer Zeit wieder verschwinden.

Dieses Scheitern ist selten spektakulär. Es äußert sich nicht in klaren Fehlermeldungen oder offenen Abbrüchen, sondern in schleichender Bedeutungslosigkeit. Systeme werden eingeführt, getestet, vielleicht sogar gelobt - und dann zunehmend ignoriert.

Der Grund dafür liegt nur selten in der Technologie selbst.

1.1 Der Irrtum vom technischen Problem

Ein weit verbreiteter Denkfehler besteht darin, KI-Projekte als primär technische Herausforderung zu betrachten. Entsprechend wird der Fokus auf Modelle, Plattformen, Anbieter oder Infrastruktur gelegt. Wenn Ergebnisse ausbleiben, wird nach leistungsfähigeren Systemen gesucht oder das Projekt neu aufgesetzt.

In der Praxis zeigt sich jedoch: Die meisten gescheiterten Vorhaben hätten technisch funktionieren können. Was fehlt, ist nicht Rechenleistung oder Modellqualität, sondern Klarheit darüber, *wofür* KI eingesetzt werden soll und *welches Problem* sie tatsächlich adressiert.

Technologie kann kein Ziel ersetzen.

1.2 Unklare Zielbilder

Viele Projekte starten mit wohlklingenden, aber unscharfen Zielsetzungen. Formulierungen wie „effizienter werden“, „bessere Entscheidungen treffen“ oder „zukunftsfähig aufstellen“ sind gut gemeint, bieten jedoch keine operative Orientierung.

Ohne ein klares Ziel bleibt unklar:

- woran Erfolg gemessen wird,
- welche Entscheidungen unterstützt werden sollen,
- und für wen das System überhaupt relevant ist.

KI wird dann eingeführt, ohne dass klar ist, welchen konkreten Mehrwert sie im Alltag liefern soll. Enttäuschung ist in solchen Fällen vorprogrammiert.

1.3 Pilotprojekte ohne Anschluss

Ein weiterer häufiger Grund für das Scheitern liegt in der Projektform selbst. Viele Initiativen bleiben auf der Ebene von Pilotprojekten oder Machbarkeitsstudien stehen – also Tests, die zeigen sollen, *ob* etwas grundsätzlich möglich ist, nicht *wie* es dauerhaft wirkt.

Diese Projekte sind oft technisch interessant, organisatorisch jedoch folgenlos. Es fehlt der Übergang in den Alltag, die Integration in bestehende Prozesse und die klare Entscheidung, was mit den Ergebnissen geschehen soll.

Pilotprojekte erzeugen Erkenntnis - aber noch keine Wirkung.

1.4 Fehlende Verantwortung

KI-Projekte bewegen sich häufig zwischen verschiedenen Zuständigkeiten. IT, Fachbereiche, externe Partner und Geschäftsführung sind beteiligt, ohne dass klar ist, wer die inhaltliche Verantwortung trägt.

Wenn Verantwortung nicht eindeutig zugeordnet ist, entstehen Systeme, die niemand wirklich besitzt. Entscheidungen werden vertagt, Nutzung bleibt optional, Weiterentwicklung unklar. Das Projekt existiert formal, aber nicht operativ.

Verantwortung lässt sich nicht delegieren - auch nicht an Technologie.

1.5 Zu hohe Erwartungen

KI wird oft mit impliziten Versprechen verknüpft: objektivere Entscheidungen, geringerer Aufwand, schnelle Ergebnisse. Diese Erwartungen sind nicht grundsätzlich falsch, aber häufig unrealistisch.

Gerade in frühen Phasen erfordert der Einsatz von KI zusätzliche Aufmerksamkeit. Prozesse müssen verstanden, Daten eingeordnet, Ergebnisse interpretiert werden. Der Nutzen entsteht nicht sofort, sondern entwickelt sich schrittweise.

Wer kurzfristige Durchbrüche erwartet, übersieht den notwendigen Lernprozess.

1.6 Fehlende Einbettung in den Alltag

Selbst funktionierende Systeme scheitern, wenn sie nicht Teil des Alltags werden. Lösungen, die isoliert stehen, zusätzliche Werkzeuge erfordern oder bestehende Arbeitsweisen ignorieren, werden umgangen.

Menschen greifen im Alltag zu dem, was ihnen hilft – nicht zu dem, was eingeführt wurde. Wird KI als zusätzlicher Aufwand wahrgenommen, verliert sie schnell an Bedeutung.

Wirkung entsteht dort, wo Unterstützung selbstverständlich wird.

1.7 Scheitern als Signal

Das Scheitern vieler KI-Projekte ist kein Beweis gegen die Technologie. Es ist ein Hinweis darauf, dass die eigentlichen Herausforderungen woanders liegen: in Zielklarheit, Struktur, Verantwortung und Einbettung.

Unternehmen, die diese Signale ernst nehmen, schaffen die Grundlage für einen anderen Umgang mit KI. Nicht als technisches Experiment, sondern als Teil ihrer Entscheidungs- und Organisationslogik.

Ausblick

Im nächsten Kapitel geht es darum, wie CLARITY Intelligence diese Erfahrungen einordnet – und warum ein anderer Denkansatz notwendig ist, bevor über konkrete Lösungen gesprochen wird.

Kapitel 2

Wie CLARITY Intelligence denkt

Der Unterschied zwischen erfolgreichen und gescheiterten KI-Projekten liegt selten in der eingesetzten Technologie. Er liegt im Denken davor. In den Annahmen, mit denen Probleme betrachtet werden, und in der Art, wie Entscheidungen vorbereitet werden.

CLARITY Intelligence setzt genau an diesem Punkt an. Nicht mit fertigen Lösungen, sondern mit einer klaren Denkweise, die Komplexität nicht vermeidet, sondern strukturiert.

2.1 Technologie ist Mittel, nicht Ausgangspunkt

Viele Initiativen beginnen mit der Frage, welche Technologie eingesetzt werden soll. Modelle werden verglichen, Plattformen evaluiert, Architekturen diskutiert. Diese Vorgehensweise ist naheliegend – und dennoch problematisch.

Technologie ist immer eine Antwort. Die entscheidende Frage lautet jedoch: *Auf welches Problem?* Ohne diese Klarheit entsteht eine Lösung, die technisch überzeugt, aber inhaltlich ins Leere läuft.

CLARITY Intelligence beginnt daher konsequent vor der Technologie. Erst wenn klar ist, welche Entscheidungen unterstützt, welche Informationen strukturiert und welche Verantwortung getragen werden soll, wird Technologie relevant.

2.2 Klarheit vor Geschwindigkeit

In einem Umfeld schnellen technologischen Wandels entsteht leicht der Druck, schnell zu handeln. Geschwindigkeit wird mit Fortschritt verwechselt. In der Praxis zeigt sich jedoch: Unklare Entscheidungen führen schneller in Sackgassen als bewusst langsame Schritte.

CLARITY Intelligence setzt bewusst auf Klarheit vor Geschwindigkeit. Ziele werden präzisiert, Begriffe geschärft, Erwartungen explizit gemacht. Diese Phase wirkt für manche ungewohnt – sie ist jedoch entscheidend für nachhaltige Wirkung.

Langsamer Start bedeutet oft schnelleres Vorankommen.

2.3 Architektur als Denkmodell

Der Begriff Architektur wird häufig technisch verstanden. Im Kontext von CLARITY Intelligence meint er jedoch etwas anderes: die Struktur von Informationen, Verantwortlichkeiten und Entscheidungswegen im Unternehmen.

Eine gute Architektur beantwortet Fragen wie:

- Wer entscheidet was?
- Auf welcher Informationsbasis?
- Mit welchen Abhängigkeiten?
- Und mit welchem Zeithorizont?

Erst wenn diese Struktur sichtbar ist, kann Technologie sinnvoll eingebettet werden. Architektur ist damit kein IT-Artefakt, sondern ein Denkmodell für Ordnung in komplexen Systemen.

2.4 Entscheidungen sichtbar machen

Ein zentrales Anliegen von CLARITY Intelligence ist es, Entscheidungen sichtbar zu machen. In vielen Organisationen werden Entscheidungen getroffen, ohne dass klar ist, *wo* sie entstehen, *wer* sie vorbereitet und *welche Annahmen* ihnen zugrunde liegen.

KI wird häufig eingesetzt, um Entscheidungen zu beschleunigen. CLARITY Intelligence verfolgt einen anderen Ansatz: Entscheidungen sollen zunächst **verständlich** werden. Geschwindigkeit ist eine mögliche Folge - nicht das primäre Ziel.

Verständliche Entscheidungen sind belastbare Entscheidungen.

2.5 Verantwortung bleibt menschlich

Ein wiederkehrendes Motiv in der Arbeit von CLARITY Intelligence ist die klare Trennung zwischen Unterstützung und Verantwortung. KI kann Informationen bündeln, Muster erkennen und Optionen aufzeigen. Verantwortung für Entscheidungen bleibt jedoch immer beim Menschen.

Diese Grenze wird bewusst gezogen. Sie schützt vor falschen Erwartungen und schafft Vertrauen. Systeme, die Verantwortung implizit übernehmen sollen, erzeugen Unsicherheit – unabhängig von ihrer technischen Qualität.

Verantwortung lässt sich nicht automatisieren.

2.6 Maßhalten als Prinzip

CLARITY Intelligence verfolgt keinen Anspruch auf maximale Automatisierung oder technologische Vollständigkeit. Stattdessen steht Maßhalten im Mittelpunkt: das richtige Maß an Technologie für die jeweilige Fragestellung.

Dieses Prinzip zeigt sich auch darin, bewusst *nicht* zu automatisieren, wo Kontext, Erfahrung oder Verantwortung eine zentrale Rolle spielen. Verzicht ist hier keine Schwäche, sondern Ausdruck von Reife.

2.7 Denken als Grundlage für Wirkung

Die Denkweise von CLARITY Intelligence lässt sich nicht auf ein Framework oder eine Methode reduzieren. Sie ist eine Haltung: Klarheit vor Aktion, Struktur vor Technik, Verantwortung vor Automatisierung.

Dort, wo diese Haltung verankert ist, entfaltet KI Wirkung. Nicht als isolierte Lösung, sondern als Teil einer bewussten Entscheidungs- und Organisationslogik.

Ausblick

Im nächsten Kapitel geht es um typische Unternehmensprobleme, die häufig bestehen, **bevor** KI überhaupt sinnvoll eingesetzt werden kann – und warum es wichtig ist, diese Ausgangslage ehrlich zu betrachten.

Kapitel 3

Typische Unternehmensprobleme vor KI

Bevor Künstliche Intelligenz sinnvoll eingesetzt werden kann, lohnt ein nüchterner Blick auf die Ausgangslage. In vielen Unternehmen liegen die eigentlichen Probleme nicht in fehlender Technologie, sondern in gewachsenen Strukturen, impliziten Annahmen und fehlender Klarheit darüber, wie Arbeit tatsächlich funktioniert.

Diese Probleme sind selten neu. Sie sind vertraut, oft akzeptiert und deshalb schwer greifbar. Genau darin liegt ihre Wirkung.

3.1 Informationsfülle ohne Orientierung

In nahezu allen Organisationen ist ausreichend Information vorhanden. Reports, Präsentationen, Dashboards, Protokolle und E-Mails erzeugen täglich neue Datenpunkte. Dennoch fehlt häufig die Orientierung.

Viele Entscheider kennen das Gefühl, gut informiert zu sein – und dennoch unsicher zu entscheiden. Informationen liegen vor, aber ihre Bedeutung bleibt unklar. Zusammenhänge müssen mühsam hergestellt, Prioritäten immer wieder neu verhandelt werden.

Das Problem ist nicht der Mangel an Information, sondern deren fehlende Einordnung.

3.2 Wissen ist vorhanden – aber nicht verfügbar

Ein weiteres typisches Muster ist die ungleiche Verteilung von Wissen. Bestimmte Personen gelten als unverzichtbar, weil sie Zusammenhänge kennen, Entscheidungen erklären oder Prozesse „am Laufen halten".

Dieses Wissen ist selten systematisch dokumentiert. Es existiert in Köpfen, Gesprächen und Erfahrung. Solange diese Personen verfügbar sind, funktioniert das System. Sobald sie ausfallen, entstehen Brüche.

Der Wunsch, dieses Wissen mithilfe von KI zugänglich zu machen, ist verständlich. Ohne Klarheit darüber, welches Wissen verbindlich, aktuell oder kontextabhängig ist, bleibt dieser Wunsch jedoch unerfüllt.

3.3 Prozesse, die nie bewusst gestaltet wurden

Viele Prozesse sind nicht geplant, sondern entstanden. Sie wurden erweitert, angepasst oder umgangen, bis sie eine eigene Logik entwickelten. Oft weiß niemand mehr genau, warum bestimmte Schritte existieren – nur, dass sie „immer so gemacht wurden".

In solchen Umgebungen wird KI häufig eingesetzt, um Effizienz zu schaffen. Doch Effizienz bezogen auf was? Auf einen Prozess, dessen Ziel unklar ist?

Der Versuch, ungeklärte Prozesse zu automatisieren, führt selten zu besseren Ergebnissen. Häufig wird lediglich bestehende Unklarheit beschleunigt.

3.4 Entscheidungen ohne klaren Rahmen

In vielen Unternehmen werden Entscheidungen getroffen, ohne dass der Entscheidungsrahmen explizit ist. Kriterien wechseln je nach Situation, Verantwortlichkeiten sind implizit, und vergangene Entscheidungen werden selten systematisch reflektiert.

KI wird dann als Mittel gesehen, Entscheidungen objektiver oder konsistenter zu machen. Doch Objektivität entsteht nicht durch Technologie, sondern durch Klarheit über Ziele, Kriterien und Zuständigkeiten.

Ohne diesen Rahmen bleibt jede technische Unterstützung oberflächlich.

3.5 Abstimmung ersetzt Entscheidung

Ein weiteres verbreitetes Muster ist die Überbetonung von Abstimmung. Entscheidungen werden vorbereitet, diskutiert, erneut diskutiert – und schließlich vertagt oder verwässert.

Abstimmung erzeugt den Eindruck von Beteiligung, ersetzt jedoch keine Entscheidung. Je komplexer die Organisation, desto größer wird die Gefahr, dass Verantwortung diffundiert.

KI kann Abstimmung unterstützen, aber sie kann Entscheidung nicht ersetzen.

3.6 Misstrauen gegenüber neuen Systemen

Viele Mitarbeitende haben Erfahrungen mit Projekten gemacht, deren Nutzen unklar blieb. Neue Systeme wurden eingeführt, ohne den Alltag spürbar zu verbessern. Dieses Erleben prägt die Haltung gegenüber weiteren Initiativen.

Misstrauen ist in diesem Kontext kein Widerstand gegen Veränderung, sondern ein Schutzmechanismus. Systeme, deren Zweck nicht verstanden wird, werden gemieden - unabhängig von ihrer technischen Qualität.

Akzeptanz entsteht nicht durch Einführung, sondern durch erlebten Nutzen.

3.7 Warum diese Ausgangslage entscheidend ist

Die beschriebenen Probleme sind kein Zeichen von Versagen. Sie sind das Ergebnis von Wachstum, Zeitdruck und Komplexität. Genau deshalb lassen sie sich nicht durch Technologie allein lösen.

KI entfaltet ihren Nutzen erst dort, wo Strukturen sichtbar gemacht, Verantwortung geklärt und Entscheidungen bewusst getroffen werden. Ohne diese Grundlage bleibt sie ein weiteres Werkzeug in einem bereits unübersichtlichen System.

Ausblick

Im nächsten Kapitel geht es darum, wie aus diesen Problemen **sinnvolle Ansatzpunkte für KI** entstehen – und warum nicht jede Herausforderung automatisiert werden sollte.

Kapitel 4

Von Problemen zu sinnvollen KI-Ansatzpunkten

Nicht jedes Problem ist ein Fall für Künstliche Intelligenz. Diese Erkenntnis wirkt banal, ist in der Praxis jedoch entscheidend. Viele Projekte scheitern nicht, weil KI zu wenig kann, sondern weil sie dort eingesetzt wird, wo sie keinen echten Mehrwert erzeugt.

Der Übergang von allgemeinen Problemen zu sinnvollen Ansatzpunkten erfordert bewusste Auswahl. Genau hier trennt sich Aktionismus von strategischem Einsatz.

4.1 Die falsche Frage: „Wo können wir KI einsetzen?“

Ein häufiger Einstieg lautet: *Welche Prozesse lassen sich mit KI automatisieren?*
Diese Frage suggeriert Handlungsfähigkeit, verlagert den Fokus jedoch auf Technologie und blendet den Kontext aus.

Sinnvoller ist eine andere Perspektive:
Wo verbringen Menschen regelmäßig Zeit damit, Informationen zusammenzutragen, zu vergleichen oder einzuordnen, **ohne dass daraus unmittelbar neue Erkenntnis entsteht**?

Dort entstehen natürliche Ansatzpunkte für KI-Unterstützung.

4.2 Wiederkehrende Entscheidungen als Hebel

Besonders geeignet sind Entscheidungen, die:

- regelmäßig getroffen werden,
- auf ähnlichen Informationsgrundlagen beruhen,
- dennoch jedes Mal neu vorbereitet werden müssen.

Ein typisches Beispiel sind Priorisierungsentscheidungen. Alle relevanten Informationen sind vorhanden, dennoch dauern Diskussionen lange, weil Zusammenhänge, Abhängigkeiten oder Auswirkungen nicht transparent sind.

KI entfaltet hier ihren Nutzen nicht als Entscheider, sondern als Strukturgeber. Sie bereitet Entscheidungsräume vor, macht Optionen vergleichbar und Annahmen sichtbar.

Die Entscheidung bleibt menschlich.

4.3 Hoher manueller Aufwand ohne Erkenntnisgewinn

Ein weiterer Ansatzpunkt sind Tätigkeiten mit hohem Zeitaufwand und geringem inhaltlichem Mehrwert. Dazu gehören:

- manuelle Zusammenfassungen,
- wiederkehrende Auswertungen,
- Vorbereitung von Meetings oder Berichten.

Wichtig ist die Unterscheidung zwischen **Aufwand** und **Wert**. Nicht jede zeitintensive Tätigkeit ist verzichtbar. KI eignet sich besonders dort, wo das Ergebnis vor allem informativ ist – nicht entscheidend.

Hier kann Automatisierung entlasten, ohne Verantwortung zu verschieben.

4.4 Wenn Komplexität reduziert werden soll – nicht erhöht

Ein häufig unterschätztes Risiko besteht darin, durch KI zusätzliche Komplexität zu schaffen. Neue Systeme, neue Schnittstellen und neue Zuständigkeiten können bestehende Strukturen weiter verkomplizieren.

Sinnvolle Ansatzpunkte zeichnen sich dadurch aus, dass sie:

- Informationen bündeln,
- Orientierung schaffen,
- Reibung reduzieren.

Ein Projekt ist dann erfolgreich, wenn es **weniger erklärt werden muss** als zuvor.

4.5 Klare Grenzen definieren

Nicht jede Aufgabe sollte automatisiert werden. Besonders dort, wo Verantwortung, Haftung oder strategische Weichenstellungen betroffen sind, ist Zurückhaltung geboten.

Sinnvolle KI-Systeme haben klar definierte Rollen:

- sie unterstützen,
- sie strukturieren,
- sie bereiten vor.

Sie entscheiden nicht abschließend und tragen keine Verantwortung.

Diese Klarheit schützt vor Fehlannahmen und unrealistischen Erwartungen.

4.6 Vom Ansatzpunkt zur Lösung

Der Weg von einem identifizierten Ansatzpunkt zu einer tragfähigen Lösung ist schrittweise. Statt umfassender Rollouts haben sich iterative Vorgehensweisen bewährt.

Kleine, klar abgegrenzte Anwendungen ermöglichen:

- Lernen,
- Anpassung,
- Akzeptanz.

Dabei ist weniger entscheidend, wie schnell eine Lösung technisch umgesetzt wird, sondern wie gut sie in bestehende Strukturen integriert ist.

4.7 Auswahl statt Maximierung

Nicht möglichst viele KI-Anwendungen sind das Ziel, sondern wenige, gut integrierte Ansatzpunkte mit klarer Wirkung.

Unternehmen, die KI erfolgreich nutzen, zeichnen sich nicht durch technologische Breite aus, sondern durch Klarheit darüber, **wo Technologie sinnvoll ist – und wo nicht**.

Ausblick

Im nächsten Kapitel geht es um **Lösungsarchitekturen**, die aus diesen Ansatzpunkten entstehen können – ohne sich in Technik zu verlieren.

Kapitel 5

Lösungsarchitekturen, die funktionieren

Wenn sinnvolle Ansatzpunkte identifiziert sind, stellt sich die nächste Frage: Wie sieht eine Lösung aus, die im Unternehmensalltag tatsächlich funktioniert? Nicht als Demo, nicht als isoliertes Pilotprojekt, sondern als belastbarer Bestandteil täglicher Arbeit.

An dieser Stelle entscheidet sich, ob KI langfristig Wirkung entfaltet - oder als technisches Experiment endet.

5.1 Architektur beginnt vor der Technik

Architektur wird häufig technisch verstanden: Systeme, Schnittstellen, Plattformen. In funktionierenden Projekten beginnt Architektur jedoch früher - bei Struktur und Verantwortung.

Eine tragfähige Architektur beantwortet zunächst organisatorische Fragen:

- Wo entstehen relevante Informationen?
- Wer ist für deren Qualität verantwortlich?
- Wer nutzt sie - und in welchem Kontext?
- Welche Entscheidungen sollen unterstützt werden?

Erst wenn diese Fragen geklärt sind, wird Technologie zur Lösung. Wird diese Reihenfolge umgekehrt, entsteht häufig eine technisch saubere, organisatorisch jedoch wirkungslose Implementierung.

Architektur ist damit keine IT-Disziplin allein, sondern eine Führungsaufgabe.

5.2 Föderiertes Wissen statt zentraler Datenspeicher

In der Praxis bewähren sich Architekturen, die Wissen **föderiert** behandeln. Inhalte verbleiben in ihren jeweiligen Quellsystemen - etwa Dokumentenmanagement, Fachanwendungen oder Projektablagen - und werden nicht zwangsläufig zentralisiert.

Föderiert bedeutet: Informationen bleiben dort, wo sie entstehen, werden jedoch über eine gemeinsame Logik auffindbar und nutzbar gemacht.

Ein verbindender Layer - also eine übergreifende Ebene - sorgt für Indexierung, Zugriffskontrolle und kontextbezogene Nutzung. Herkunft, Verantwortlichkeit und Aktualität der Inhalte bleiben erhalten.

Dieses Prinzip vermeidet neue Datensilos und reduziert Pflegeaufwand. Gleichzeitig entsteht ein konsistenter Wissenszugang, ohne bestehende Systeme zu ersetzen oder zu migrieren.

5.3 Entscheidungsunterstützung statt Entscheidungsersatz

Ein besonders wirkungsvoller Einsatz von KI liegt in der Vorbereitung von Entscheidungen. Ziel ist nicht, Entscheidungen zu automatisieren, sondern Entscheidungsräume zu strukturieren.

Bewährte Architekturen bündeln:

- relevante Kennzahlen,
- historische Entscheidungen,
- Abhängigkeiten und Rahmenbedingungen,
- mögliche Szenarien.

Die Entscheidung selbst bleibt beim Menschen. KI schafft Transparenz über Optionen und Konsequenzen – nicht über richtig oder falsch.

Diese Trennung ist entscheidend für Akzeptanz und Vertrauen, insbesondere auf Führungsebene.

5.4 Modularität als Stabilitätsfaktor

Erfolgreiche Architekturen sind selten monolithisch. Statt eines umfassenden Systems haben sich modulare Lösungen bewährt.

Modularität bedeutet:

- klar abgegrenzte Bausteine,
- unabhängige Weiterentwicklung,

- gezielte Erweiterbarkeit.

Diese Struktur reduziert Risiko, erleichtert Anpassung und verhindert Abhängigkeiten. Sie erlaubt es, mit überschaubaren Lösungen zu starten und Wirkung sichtbar zu machen, bevor skaliert wird.

5.5 Integration in bestehende Arbeitsrealität

KI entfaltet ihren Nutzen nur dort, wo sie in bestehende Arbeitsweisen integriert ist. Zusätzliche Tools, neue Oberflächen oder separate Logins erhöhen die Nutzungshürde und senken Akzeptanz.

Funktionierende Architekturen setzen dort an, wo Arbeit tatsächlich stattfindet:

- in bekannten Systemen,
- entlang bestehender Prozesse,
- innerhalb realer Entscheidungswege.

KI wird so zum stillen Unterstützer im Hintergrund - nicht zum zusätzlichen Projekt im Vordergrund.

5.6 Sicherheit und Kontrolle als Teil der Architektur

Sicherheit ist kein nachgelagerter Aspekt, sondern integraler Bestandteil jeder tragfähigen Lösung. Dazu gehören:

- klar definierte Datenquellen,
- nachvollziehbare Zugriffsrechte,
- transparente Verarbeitung,
- bewusste Entscheidungen über Betriebsmodelle.

Entscheider müssen jederzeit verstehen können, wo Daten verarbeitet werden und wer Zugriff hat. Architektur, die diese Transparenz nicht bietet, erzeugt Unsicherheit - unabhängig von technischer Leistungsfähigkeit.

5.7 Wirkung zeigt sich im Alltag

Der Erfolg einer Architektur zeigt sich nicht in Präsentationen oder Konzepten, sondern im täglichen Arbeiten:

- weniger Suchaufwand,
- klarere Entscheidungen,
- reduzierte Abstimmungsschleifen,
- spürbare Entlastung.

Wenn Systeme selbstverständlich genutzt werden, ist die Architektur richtig gewählt.

Ausblick

Im nächsten Kapitel geht es um **Sicherheit, Kontrolle und Rahmenbedingungen** - und darum, warum Begriffe wie On-Premise, Private Cloud oder Vertraulichkeitsvereinbarungen häufig missverstanden werden.

Kapitel 6

Sicherheit, Kontrolle und Rahmenbedingungen

Kaum ein Thema wird im Zusammenhang mit Künstlicher Intelligenz so emotional diskutiert wie Sicherheit. Begriffe wie *On-Premise, Private Cloud* oder *Vertraulichkeitsvereinbarung* werden häufig als absolute Kriterien verwendet - oft ohne klare Einordnung dessen, was sie tatsächlich bedeuten.

In der Praxis zeigt sich: Nicht die Technologie ist das größte Risiko, sondern unklare Annahmen über Kontrolle, Verantwortung und Transparenz.

6.1 Sicherheit ist kein Standort

Ein verbreiteter Irrtum besteht darin, Sicherheit mit einem bestimmten Betriebsmodell gleichzusetzen. *On-Premise* gilt als sicher, Cloud als riskant - oder umgekehrt. Diese Vereinfachung greift zu kurz.

Sicherheit entsteht nicht durch den Ort der Verarbeitung, sondern durch Struktur:

- klare Zugriffsrechte,
- nachvollziehbare Datenflüsse,
- definierte Verantwortlichkeiten,
- transparente Prozesse.

Ein schlecht konzipiertes internes System ist nicht sicherer als eine sauber umgesetzte Cloud-Lösung. Entscheidend ist die Architektur - nicht das Label.

6.2 On-Premise, Private Cloud und Hybrid richtig einordnen

Jedes Betriebsmodell hat seine Berechtigung. Die Wahl sollte sich an regulatorischen Anforderungen, Risikobewertung und organisatorischer Reife orientieren - nicht an pauschalen Vorlieben.

On-Premise bezeichnet den Betrieb von Systemen in eigener Infrastruktur.
Private Cloud meint eine abgeschlossene, dedizierte Umgebung - technisch oft ähnlich, organisatorisch jedoch flexibler.
Hybride Modelle kombinieren beide Ansätze und trennen sensible von weniger kritischen Komponenten.

In vielen Unternehmen erweisen sich hybride Modelle als praktikabler Mittelweg: Kontrolle dort, wo sie notwendig ist - Flexibilität dort, wo sie sinnvoll ist.

6.3 Vertraulichkeitsvereinbarungen schaffen Rahmen, keine Sicherheit

Vertraulichkeitsvereinbarungen - häufig als *NDA* (Non-Disclosure Agreement) bezeichnet - regeln, welche Informationen zwischen Parteien vertraulich behandelt werden müssen. Sie sind ein wichtiges rechtliches Instrument, sagen jedoch zunächst nichts über die tatsächliche Sicherheit eines Systems aus.

Ein System ist nicht sicher, weil eine Vereinbarung unterschrieben wurde. Es ist sicher, wenn klar definiert ist:

- welche Daten verarbeitet werden,
- zu welchem Zweck,
- wer Zugriff hat,
- und wie Ergebnisse nachvollzogen werden können.

Vertraulichkeitsvereinbarungen schaffen einen rechtlichen Rahmen. Die tatsächliche Kontrolle entsteht durch Architektur, Prozesse und Verantwortung.

6.4 Nachvollziehbarkeit als Vertrauensbasis

Akzeptanz entsteht, wenn Systeme nachvollziehbar sind. Entscheider müssen verstehen können, wie Ergebnisse zustande kommen – auch ohne technische Details zu kennen.

Nachvollziehbarkeit bedeutet:

- transparente Quellen,
- klare Annahmen,
- reproduzierbare Ergebnisse,
- dokumentierte Grenzen.

Ein System, das funktioniert, aber nicht erklärt werden kann, erzeugt Misstrauen. Transparenz ist daher keine Option, sondern Voraussetzung.

6.5 Kontrolle bedeutet Steuerbarkeit

Kontrolle wird häufig mit Einschränkung verwechselt. In funktionierenden Architekturen bedeutet Kontrolle vor allem Steuerbarkeit: die Fähigkeit, Systeme anzupassen, zu begrenzen oder weiterzuentwickeln.

Diese Steuerbarkeit ist Voraussetzung für langfristigen Einsatz. Sie erlaubt Lernen, Anpassung und verantwortungsvolle Nutzung - ohne Innovationsfähigkeit zu blockieren.

Sicherheit wird so zum Enabler, nicht zur Bremse.

6.6 Sicherheit als Führungsfrage

Sicherheit ist kein Spezialthema für Juristen oder IT-Abteilungen. Sie ist eine Führungsfrage. Denn sie betrifft Entscheidungen über Verantwortung, Risiko und Vertrauen.

Unternehmen, die Sicherheit früh und bewusst mitdenken, bewegen sich langfristig schneller. Nicht, weil sie weniger Regeln haben, sondern weil diese Regeln Klarheit schaffen.

Ausblick

Im nächsten Kapitel geht es um **Zusammenarbeit, Erwartungshaltung und Realität** – und darum, warum viele KI-Projekte weniger an Technik als an Kommunikation und Rollenverständnis scheitern.

Kapitel 7

Zusammenarbeit, Erwartungshaltung und Realität

Viele KI-Projekte scheitern nicht an Technologie, sondern an der Art, wie Menschen miteinander arbeiten. Unterschiedliche Erwartungen, unklare Rollen und unausgesprochene Annahmen führen dazu, dass Projekte formal laufen, inhaltlich jedoch ins Leere gehen.

Gerade weil KI als Querschnittsthema verstanden wird, sind diese Spannungen besonders ausgeprägt.

7.1 Unterschiedliche Perspektiven, gleiche Begriffe

Ein zentrales Problem besteht darin, dass alle Beteiligten ähnliche Begriffe verwenden – jedoch Unterschiedliches meinen.
Für die Geschäftsführung steht häufig Wirkung im Vordergrund. Für Fachbereiche der konkrete Nutzen im Alltag. Für IT-Abteilungen Stabilität, Sicherheit und Integrationsfähigkeit.

Wenn diese Perspektiven nicht explizit gemacht werden, entstehen Missverständnisse. Projekte verlaufen dann entlang paralleler Erwartungen, ohne sich wirklich zu treffen.

Gemeinsame Sprache ist Voraussetzung für gemeinsame Ziele.

7.2 Die Rolle der Geschäftsführung

Von Führungsebene wird häufig erwartet, Richtung vorzugeben und Entscheidungen zu treffen. Gleichzeitig wird KI als technisches Thema delegiert - oft vollständig an IT oder externe Partner.

Diese Trennung ist problematisch. KI betrifft Entscheidungen, Arbeitsweisen und Verantwortung. Sie ist damit immer auch ein Führungsthema.

Ohne sichtbare Einbindung der Geschäftsführung entsteht der Eindruck eines technischen Nebenprojekts. Priorität, Verbindlichkeit und Wirkung bleiben begrenzt.

7.3 Fachbereiche zwischen Hoffnung und Skepsis

Fachbereiche sind häufig zugleich Treiber und Bremser von KI-Initiativen. Sie sehen das Potenzial für Entlastung, erleben jedoch auch den zusätzlichen Aufwand, den neue Systeme mit sich bringen.

Wenn Erwartungen nicht erfüllt werden, kippt anfängliche Offenheit schnell in Skepsis. Systeme werden dann zwar toleriert, aber nicht aktiv genutzt.

Erfolgreiche Projekte nehmen diese Perspektive ernst. Sie binden Fachbereiche früh ein und machen Nutzen erlebbar - nicht abstrakt, sondern konkret im Arbeitsalltag.

7.4 IT zwischen Verantwortung und Begrenzung

IT-Abteilungen tragen Verantwortung für Stabilität, Sicherheit und Betrieb. Gleichzeitig werden sie häufig mit Erwartungen konfrontiert, die außerhalb ihres Einflussbereichs liegen.

Wenn Ziele unklar sind oder sich ständig ändern, wird IT zur ausführenden Instanz ohne strategischen Handlungsspielraum. Das Ergebnis sind Lösungen, die technisch korrekt, aber organisatorisch wirkungslos sind.

Klare Rollen und Entscheidungswege entlasten alle Beteiligten.

7.5 Externe Partner richtig einbinden

Externe Partner bringen Expertise, Erfahrung und Perspektive. Sie können beschleunigen – oder zusätzliche Komplexität erzeugen.

Entscheidend ist, welche Rolle sie einnehmen:

- Berater,
- Umsetzer,
- Sparringspartner,
- oder Entscheider auf Zeit.

Wenn diese Rolle nicht klar definiert ist, entstehen Abhängigkeiten und unrealistische Erwartungen. Externe Unterstützung wirkt dann nicht ergänzend, sondern ersetzend.

Nachhaltige Lösungen entstehen dort, wo Wissen im Unternehmen verbleibt.

7.6 Erwartungshaltung bewusst steuern

KI wird häufig mit impliziten Versprechen eingeführt: schnellere Ergebnisse, weniger Aufwand, bessere Entscheidungen. Diese Erwartungen wirken, auch wenn sie nicht ausgesprochen werden.

Erfolgreiche Projekte steuern Erwartungen bewusst. Sie kommunizieren klar:

- was möglich ist,
- was Zeit braucht,
- und was nicht geleistet werden kann.

Diese Ehrlichkeit schützt vor Enttäuschung und schafft Vertrauen – auch dann, wenn Ergebnisse schrittweise entstehen.

7.7 Zusammenarbeit als Erfolgsfaktor

Funktionierende KI-Lösungen entstehen dort, wo Zusammenarbeit bewusst gestaltet wird. Wo Perspektiven zusammengeführt, Rollen geklärt und Verantwortung getragen wird.

Technologie kann unterstützen. Sie kann jedoch keine Zusammenarbeit ersetzen.

Ausblick

Im nächsten Kapitel geht es um **Akzeptanz, Nutzung und Vertrauen** - und darum, warum selbst gute Lösungen wirkungslos bleiben, wenn sie nicht angenommen werden.

Kapitel 8

Akzeptanz, Nutzung und Vertrauen

Selbst technisch ausgereifte KI-Lösungen entfalten keine Wirkung, wenn sie nicht genutzt werden. Akzeptanz ist kein Nebenprodukt erfolgreicher Implementierung, sondern eine eigenständige Voraussetzung. Sie entsteht nicht durch Einführung, sondern durch Erfahrung.

Vertrauen ist dabei der entscheidende Faktor – und zugleich der fragilste.

8.1 Nutzung ist keine Selbstverständlichkeit

Die Annahme, dass gute Lösungen automatisch genutzt werden, hält sich hartnäckig. In der Realität konkurriert jede neue Anwendung mit etablierten Routinen, Zeitdruck und individueller Arbeitsweise.

Menschen nutzen Systeme, die ihnen helfen, ihren Alltag einfacher zu gestalten. Alles andere wird umgangen – unabhängig von strategischer Bedeutung oder technischer Qualität.

Nutzung ist daher kein technisches, sondern ein menschliches Thema.

8.2 Erlebter Nutzen schlägt erklärten Nutzen

Akzeptanz entsteht dort, wo Nutzen erlebt wird. Präsentationen, Schulungen und Einführungsveranstaltungen können informieren, ersetzen jedoch keine praktische Erfahrung.

Wenn ein System im Alltag:

- Zeit spart,
- Orientierung schafft,
- Entscheidungen erleichtert,

entsteht Vertrauen fast automatisch. Bleibt dieser Effekt aus, verlieren auch gut erklärte Lösungen an Bedeutung.

8.3 Transparenz als Grundlage von Vertrauen

Vertrauen entsteht nicht durch Komplexität, sondern durch Verständlichkeit. Anwender müssen nicht wissen, wie ein Modell intern funktioniert - sie müssen jedoch nachvollziehen können, warum ein Ergebnis entsteht.

Transparenz bedeutet:

- klare Quellen,
- erkennbare Annahmen,
- verständliche Ergebnisse,
- sichtbare Grenzen.

Systeme, die sich wie eine Black Box verhalten, erzeugen Unsicherheit. Vertrauen wächst dort, wo Ergebnisse eingeordnet werden können.

8.4 Kontrolle ohne Mikromanagement

Ein häufiger Konflikt entsteht zwischen dem Wunsch nach Kontrolle und dem Bedürfnis nach Autonomie. Zu enge Kontrolle untergräbt Vertrauen, zu wenig Kontrolle erzeugt Unsicherheit.

Funktionierende Lösungen schaffen einen Mittelweg: Sie machen Ergebnisse überprüfbar, ohne Nutzung zu bevormunden. Kontrolle wird so zu einer unterstützenden Funktion, nicht zu einem Eingriff.

8.5 Fehler zulassen, Lernen ermöglichen

Akzeptanz entsteht nicht in fehlerfreien Umgebungen. Sie entsteht dort, wo Fehler erlaubt sind und als Teil des Lernprozesses verstanden werden.

KI-Systeme liefern nicht immer perfekte Ergebnisse. Entscheidend ist, wie mit Abweichungen umgegangen wird. Wenn Korrekturen möglich und erwünscht sind, wächst Vertrauen - auch in unvollständige Systeme.

8.6 Vertrauen ist kontextabhängig

Vertrauen ist keine allgemeine Eigenschaft eines Systems. Es ist kontextabhängig. Ein System kann in einem Anwendungsfall hohes Vertrauen genießen und in einem anderen abgelehnt werden.

Erfolgreiche Implementierungen berücksichtigen diesen Unterschied. Sie führen KI nicht flächendeckend ein, sondern gezielt dort, wo Nutzen und Akzeptanz zusammenkommen.

8.7 Akzeptanz als kontinuierlicher Prozess

Akzeptanz ist kein Zustand, der einmal erreicht wird. Sie entwickelt sich, verändert sich und kann auch wieder verloren gehen.

Regelmäßige Rückmeldungen, Anpassungen und sichtbare Weiterentwicklung sind notwendig, um Vertrauen zu erhalten. Stillstand wirkt hier oft stärker als Fehler.

Ausblick

Im nächsten Kapitel geht es um **Messbarkeit, Wirkung und Erfolgskriterien** - und darum, wie Nutzen sichtbar gemacht werden kann, ohne ihn zu verzerren.

Kapitel 9

Messbarkeit, Wirkung und Erfolgskriterien

Kaum ein Thema wird in KI-Projekten so früh diskutiert wie Erfolgsmessung - und kaum eines so oft missverstanden. Kennzahlen werden definiert, Dashboards aufgebaut und Reportings etabliert. Dennoch bleibt häufig unklar, ob ein Projekt tatsächlich wirkt.

Der Grund liegt darin, dass Messbarkeit oft mit Kontrolle verwechselt wird.

9.1 Nicht alles, was wirkt, lässt sich zählen

Viele Effekte von KI zeigen sich indirekt. Entscheidungen werden schneller vorbereitet, Diskussionen fokussierter geführt, Unsicherheit reduziert. Diese Veränderungen sind real - lassen sich jedoch nur begrenzt in klassischen Kennzahlen abbilden.

Wer ausschließlich auf quantifizierbare Effekte blickt, übersieht einen wesentlichen Teil der Wirkung. Gerade in wissensintensiven Bereichen entsteht Nutzen oft qualitativ, nicht linear messbar.

Messbarkeit ist wichtig - aber sie ist kein Selbstzweck.

9.2 Die richtige Ebene der Messung

Ein häufiger Fehler besteht darin, Wirkung auf Systemebene zu messen: Nutzungshäufigkeit, Antwortzeiten oder Anzahl automatisierter Vorgänge. Diese Kennzahlen sagen wenig darüber aus, ob Entscheidungen besser werden.

Sinnvoller ist der Blick auf die Entscheidungsebene:

- Wird schneller entschieden?
- Werden weniger Informationen mehrfach aufbereitet?
- Sind Entscheidungsgrundlagen transparenter?
- Sinkt der Abstimmungsaufwand?

Hier zeigt sich Wirkung dort, wo sie relevant ist.

9.3 Erfolgskriterien vor Projektstart definieren

Erfolgreiche Projekte definieren ihre Erfolgskriterien früh – und bewusst. Nicht als vollständigen Katalog, sondern als klare Orientierung.

Diese Kriterien beantworten Fragen wie:

- Woran erkennen wir, dass das Projekt hilft?
- Für wen soll der Nutzen spürbar sein?
- Welche Veränderung im Alltag erwarten wir?

Ohne diese Klarheit wird Erfolg nachträglich interpretiert – oder beliebig.

9.4 Kurzfristige Effekte vs. nachhaltige Wirkung

Ein weiterer Unterschied besteht zwischen kurzfristigen Effekten und nachhaltiger Wirkung. Erste Effekte zeigen sich oft schnell: Zeitersparnis, Vereinfachung, positive Rückmeldungen.

Nachhaltige Wirkung entsteht jedoch erst, wenn:

- Systeme dauerhaft genutzt werden,
- Verantwortung klar bleibt,
- Anpassungen kontinuierlich erfolgen.

Erfolgsmessung sollte beide Ebenen berücksichtigen - nicht nur den schnellen Effekt.

9.5 Messung darf Nutzung nicht behindern

Zu detaillierte Messkonzepte können Wirkung untergraben. Wenn Nutzung permanent überwacht oder bewertet wird, entsteht Zurückhaltung. Menschen passen ihr Verhalten an Kennzahlen an - nicht an den eigentlichen Zweck des Systems.

Erfolgreiche Messung bleibt im Hintergrund. Sie liefert Orientierung, ohne Druck zu erzeugen. Transparenz ersetzt hier Kontrolle.

9.6 Lernen statt Rechtfertigen

Messung erfüllt ihren Zweck nur, wenn sie Lernen ermöglicht. Wird sie primär zur Rechtfertigung eingesetzt, verliert sie ihren Wert.

KI-Projekte entwickeln sich. Annahmen ändern sich, Nutzung verschiebt sich, Anforderungen wachsen. Messung sollte diese Entwicklung begleiten - nicht einfrieren.

Erfolg zeigt sich dort, wo Anpassung möglich bleibt.

9.7 Wirkung sichtbar machen

Wirkung muss nicht ausschließlich in Zahlen sichtbar werden. Erfahrungsberichte, qualitative Rückmeldungen und konkrete Beispiele aus dem Alltag sind oft aussagekräftiger als aggregierte Kennzahlen.

Gerade für Führungsebene sind solche Einblicke entscheidend. Sie zeigen, wie Systeme tatsächlich genutzt werden - und warum sie relevant sind.

Ausblick

Im nächsten Kapitel geht es um **Grenzen erkennen und bewusst nicht automatisieren** - und darum, warum Verzicht oft ein Zeichen von Reife ist.

Kapitel 10

Grenzen erkennen und bewusst nicht automatisieren

Mit wachsender Leistungsfähigkeit von KI-Systemen wächst auch die Versuchung, immer mehr Aufgaben zu automatisieren. Was technisch möglich ist, wird schnell als sinnvoll betrachtet. In der Praxis zeigt sich jedoch: Reife im Umgang mit KI äußert sich nicht in maximaler Automatisierung, sondern in bewusster Begrenzung.

Nicht alles, was automatisiert werden kann, sollte automatisiert werden.

10.1 Automatisierung ist eine Entscheidung

Automatisierung wird häufig als technischer Schritt verstanden. Tatsächlich ist sie eine Entscheidung mit organisatorischen, kulturellen und ethischen Folgen.

Jede Automatisierung verschiebt Verantwortung, verändert Arbeitsweisen und beeinflusst Entscheidungsräume. Diese Auswirkungen müssen bewusst in Kauf genommen werden. Werden sie ignoriert, entstehen Systeme, die formal funktionieren, aber Vertrauen untergraben.

Automatisierung ist daher nie neutral.

10.2 Verantwortung als Grenze

Ein zentrales Kriterium für bewussten Verzicht ist Verantwortung. Dort, wo Entscheidungen weitreichende Konsequenzen haben - rechtlich, wirtschaftlich oder menschlich -, sollte KI nicht autonom handeln.

KI kann vorbereiten, strukturieren und Optionen sichtbar machen. Die letzte Entscheidung muss jedoch beim Menschen bleiben. Diese Grenze ist nicht technischer Natur, sondern Ausdruck von Verantwortung.

Verantwortung definiert die Grenze der Automatisierung.

10.3 Kontext lässt sich nicht vollständig modellieren

Viele Entscheidungen sind stark kontextabhängig. Sie berücksichtigen implizites Wissen, Erfahrung, soziale Dynamiken oder situative Faktoren, die sich nur begrenzt formalisieren lassen.

Versuche, diesen Kontext vollständig zu modellieren, führen oft zu komplexen Systemen mit fragiler Wirkung. Je komplexer das Modell, desto schwieriger wird es, Ergebnisse nachzuvollziehen und zu hinterfragen.

Bewusster Verzicht schützt hier vor Überkomplexität.

10.4 Vertrauen entsteht durch Zurückhaltung

Paradoxerweise wächst Vertrauen nicht dort, wo KI möglichst viel übernimmt, sondern dort, wo ihre Rolle klar begrenzt ist. Systeme, die Unterstützung anbieten, ohne Entscheidungen zu erzwingen, werden eher akzeptiert.

Zurückhaltung signalisiert Kontrolle. Sie zeigt, dass Technologie als Werkzeug verstanden wird - nicht als Ersatz für menschliches Urteil.

10.5 Verzicht als strategische Stärke

In vielen Organisationen gilt Verzicht als Schwäche. Nicht automatisierte Prozesse wirken rückständig, manuell getroffene Entscheidungen als ineffizient.

In reifen Organisationen wird Verzicht jedoch strategisch eingesetzt. Er schützt vor Fehlentscheidungen, erhält Flexibilität und bewahrt Verantwortlichkeit. Nicht-Automatisierung wird so zur bewussten Gestaltungsentscheidung.

10.6 Klare Kommunikation der Grenzen

Grenzen müssen kommuniziert werden. Anwender sollten wissen:

- was ein System kann,
- was es bewusst nicht kann,

- und warum diese Grenze existiert.

Diese Transparenz verhindert Fehlannahmen und schützt vor überhöhten Erwartungen. Systeme verlieren nicht an Wert, wenn ihre Grenzen klar sind – im Gegenteil.

10.7 Reife zeigt sich im Maßhalten

Der erfolgreiche Einsatz von KI zeigt sich nicht in der Anzahl automatisierter Prozesse, sondern im Maßhalten. Dort, wo Technologie gezielt unterstützt und menschliche Verantwortung respektiert, entsteht nachhaltige Wirkung.

Grenzen zu setzen ist kein Rückschritt. Es ist ein Zeichen von Reife.

Ausblick

Im nächsten Kapitel geht es um **Skalierung und langfristige Verankerung** – und darum, wie KI-Lösungen wachsen können, ohne an Klarheit zu verlieren.

Kapitel 11

Skalierung und langfristige Verankerung

Viele KI-Initiativen funktionieren in begrenztem Rahmen – als Pilot, als einzelner Anwendungsfall oder innerhalb eines Teams. Die eigentliche Herausforderung beginnt dort, wo Lösungen skalieren und dauerhaft im Unternehmen verankert werden sollen.

Skalierung ist dabei weniger eine technische als eine organisatorische Aufgabe.

11.1 Skalierung beginnt mit Klarheit

Der Wunsch zu skalieren entsteht häufig, sobald erste Erfolge sichtbar werden. Systeme funktionieren, Nutzen wird erkannt, Nachfrage steigt. Genau in dieser Phase werden jedoch grundlegende Fragen oft übersprungen.

Was genau soll skaliert werden?

- die Technologie,
- der Anwendungsfall,
- oder die zugrunde liegende Denkweise?

Erfolgreiche Skalierung setzt voraus, dass dieser Unterschied klar ist. Nicht jede funktionierende Lösung eignet sich für den breiten Einsatz.

11.2 Wiederholbarkeit als Voraussetzung

Skalierbare Lösungen zeichnen sich dadurch aus, dass sie wiederholbar sind. Das betrifft nicht nur technische Komponenten, sondern vor allem Prozesse, Entscheidungslogiken und Verantwortlichkeiten.

Wenn eine Lösung stark von einzelnen Personen, implizitem Wissen oder informellen Abstimmungen abhängt, lässt sie sich nur schwer übertragen. Skalierung verstärkt dann bestehende Abhängigkeiten.

Wiederholbarkeit schafft Stabilität.

11.3 Governance statt Kontrolle

Mit wachsender Nutzung steigt der Bedarf an Steuerung. Dieser Bedarf wird häufig mit Kontrolle verwechselt. Klassische Kontrollmechanismen bremsen jedoch Entwicklung und untergraben Vertrauen.

Stattdessen braucht es Governance: klare Leitplanken, transparente Regeln und definierte Zuständigkeiten. Governance ermöglicht Skalierung, ohne jedes Detail zentral zu steuern.

Sie schafft Orientierung, nicht Einschränkung.

11.4 Technische Skalierung folgt der organisatorischen

Technische Skalierung ist oft lösbar. Rechenleistung, Speicher und Systeme lassen sich erweitern. Organisatorische Skalierung ist komplexer.

Wenn Rollen, Entscheidungswege und Verantwortlichkeiten nicht mitwachsen, entsteht Reibung. Systeme werden zwar genutzt, aber uneinheitlich interpretiert oder unterschiedlich eingesetzt.

Langfristige Verankerung erfordert daher Anpassung auf organisatorischer Ebene.

11.5 Lernen institutionalisieren

Skalierung bedeutet nicht, einen Zustand zu vervielfältigen. Sie bedeutet, Lernen zu institutionalisieren. Erkenntnisse aus der Nutzung müssen systematisch aufgenommen, bewertet und in Weiterentwicklung überführt werden.

Dazu gehören:

- regelmäßige Reflexion,
- dokumentierte Anpassungen,
- bewusste Weiterentwicklung der Architektur.

Ohne diesen Lernprozess erstarrt auch eine funktionierende Lösung.

11.6 Verankerung im Führungsverständnis

Langfristige Verankerung gelingt nur, wenn KI Teil des Führungsverständnisses wird. Sie darf nicht als Projekt oder Sonderinitiative betrachtet werden, sondern als Bestandteil der Entscheidungs- und Arbeitslogik.

Führungskräfte müssen verstehen, wie KI unterstützt - und wo ihre Grenzen liegen. Nur dann entsteht Verbindlichkeit über einzelne Anwendungsfälle hinaus.

11.7 Wachstum ohne Verlust an Klarheit

Skalierung bringt zwangsläufig mehr Komplexität. Die Herausforderung besteht darin, diese Komplexität beherrschbar zu halten.

Erfolgreiche Organisationen wachsen, ohne ihre Grundprinzipien aufzugeben. Sie erweitern Systeme, ohne Klarheit zu verlieren. Skalierung wird so zur Fortsetzung bewusster Gestaltung - nicht zu ihrem Gegenteil.

Ausblick

Im nächsten Kapitel geht es um **Organisation, Kultur und Führung** - und darum, warum technologische Veränderung immer auch kulturelle Wirkung hat.

Kapitel 12

Organisation, Kultur und Führung

Technologische Veränderungen wirken immer auf Organisation und Kultur zurück. Der Einsatz von Künstlicher Intelligenz bildet hier keine Ausnahme – im Gegenteil. KI macht bestehende Strukturen sichtbarer, verstärkt vorhandene Muster und legt unausgesprochene Annahmen offen.

Wer KI einführt, verändert nicht nur Systeme, sondern auch die Art, wie Entscheidungen getroffen und Verantwortung wahrgenommen wird.

12.1 Technologie verstärkt bestehende Kultur

KI ist kein neutraler Faktor. Sie verstärkt das, was bereits vorhanden ist. In Organisationen mit klarer Verantwortung, offener Kommunikation und Lernbereitschaft entfaltet sie Wirkung. In Umgebungen mit unklaren Zuständigkeiten, Angst vor Fehlern oder politischem Verhalten werden diese Muster sichtbarer.

KI löst keine kulturellen Probleme. Sie macht sie transparent.

12.2 Führung im Umgang mit Unsicherheit

Führung bedeutet, mit Unsicherheit umzugehen. KI verändert Entscheidungsgrundlagen, erhöht die Informationsdichte und verschiebt Erwartungen an Geschwindigkeit und Genauigkeit.

Führungskräfte stehen damit vor einer doppelten Herausforderung:

- Entscheidungen treffen, obwohl Systeme zusätzliche Optionen liefern,
- Verantwortung tragen, obwohl Ergebnisse scheinbar objektiver wirken.

Gute Führung zeigt sich darin, diese Spannung auszuhalten – nicht darin, sie an Technologie abzugeben.

12.3 Vertrauen durch Haltung

Vertrauen entsteht nicht durch Ankündigungen oder Strategiepapiere. Es entsteht durch Haltung. Mitarbeitende beobachten, wie mit Ergebnissen umgegangen wird, wie Fehler bewertet werden und ob Transparenz tatsächlich gelebt wird.

Wenn KI genutzt wird, um Kontrolle zu erhöhen oder Verantwortung zu verschieben, entsteht Misstrauen. Wird sie als Unterstützung verstanden, die Orientierung schafft, wächst Akzeptanz.

Haltung ist sichtbarer als jede Maßnahme.

12.4 Lernen ermöglichen statt Perfektion fordern

Der Einsatz von KI erfordert Lernbereitschaft – auf allen Ebenen. Systeme entwickeln sich, Annahmen ändern sich, Nutzung verschiebt sich.

Organisationen, die Perfektion erwarten, blockieren diesen Lernprozess. Fehler werden dann vermieden statt genutzt. Erfolgreiche Organisationen schaffen Räume, in denen Lernen erlaubt ist und Anpassung erwartet wird.

Lernen ist kein Nebenprodukt, sondern Voraussetzung.

12.5 Verantwortung klar verorten

Mit KI entstehen neue Rollen und Erwartungen. Gleichzeitig bleibt die grundlegende Frage unverändert: Wer trägt Verantwortung?

Klare Verantwortung schützt vor Unsicherheit. Sie verhindert, dass Entscheidungen diffundieren oder Ergebnisse nicht eingeordnet werden. Führungskräfte müssen diese Verantwortung sichtbar tragen – auch dann, wenn Entscheidungen auf komplexeren Grundlagen beruhen.

Verantwortung ist nicht delegierbar.

12.6 Kultur als Stabilitätsfaktor

In Phasen technologischer Veränderung wird Kultur zum Stabilitätsfaktor. Sie bietet Orientierung, wenn sich Werkzeuge und Prozesse ändern.

Organisationen mit klaren Werten und Prinzipien integrieren neue Technologien leichter. Sie nutzen KI als Erweiterung bestehender Stärken – nicht als Ersatz für fehlende Klarheit.

12.7 Führung als kontinuierliche Aufgabe

Der Umgang mit KI ist kein einmaliges Transformationsprojekt. Er erfordert kontinuierliche Führung, Reflexion und Anpassung.

Führungskräfte, die diesen Prozess begleiten, schaffen langfristige Wirkung. Nicht durch Kontrolle, sondern durch Klarheit, Haltung und Verlässlichkeit.

Ausblick

Im nächsten Kapitel geht es um **typische Fehlannahmen und Missverständnisse** – und darum, warum viele Diskussionen über KI an den eigentlichen Herausforderungen vorbeigehen.

Kapitel 13

Typische Fehlannahmen und Missverständnisse

Rund um Künstliche Intelligenz haben sich zahlreiche Annahmen etabliert, die plausibel klingen, in der Praxis jedoch regelmäßig zu Fehlentscheidungen führen. Diese Missverständnisse betreffen weniger technische Details als grundlegende Erwartungen an Wirkung, Verantwortung und Einsatz.

Sie zu erkennen ist ein entscheidender Schritt, um KI realistisch und wirksam zu nutzen.

13.1 „KI liefert objektive Entscheidungen“

Ein verbreiteter Irrtum besteht darin, KI als objektiven Entscheider zu betrachten. Modelle erscheinen neutral, datenbasiert und frei von menschlichen Verzerrungen. Diese Wahrnehmung übersieht, dass jede KI auf Annahmen beruht: auf Daten, Auswahlkriterien und Zieldefinitionen.

KI kann Konsistenz erhöhen. Objektivität im eigentlichen Sinn entsteht jedoch nicht automatisch. Entscheidungen bleiben immer Ausdruck der zugrunde liegenden Perspektive.

Objektivität ist kein technisches Merkmal, sondern eine Frage der Gestaltung.

13.2 „Mehr Daten bedeuten bessere Ergebnisse“

Daten gelten häufig als Rohstoff für KI. Daraus entsteht die Annahme, dass mehr Daten zwangsläufig zu besseren Ergebnissen führen. In der Praxis zeigt sich jedoch: Relevanz schlägt Menge.

Unstrukturierte, veraltete oder kontextlose Daten erhöhen Komplexität, statt sie zu reduzieren. Sie erschweren Einordnung und Interpretation - sowohl für Systeme als auch für Menschen.

Wert entsteht durch Auswahl, nicht durch Ansammlung.

13.3 „KI ersetzt menschliche Expertise“

Die Vorstellung, KI könne menschliche Expertise ersetzen, ist verlockend. Sie verspricht Effizienz, Skalierbarkeit und Unabhängigkeit von einzelnen Personen.

Tatsächlich zeigt sich das Gegenteil: Je komplexer der Kontext, desto wichtiger wird menschliche Einordnung. KI kann Expertise ergänzen, strukturieren und zugänglich machen - sie kann sie jedoch nicht vollständig ersetzen.

Erfahrung, Urteilskraft und Verantwortung bleiben menschlich.

13.4 „Erfolgreiche Pilotprojekte garantieren Skalierung“

Ein funktionierender Pilot wird oft als Beweis für Skalierbarkeit interpretiert. Dabei wird übersehen, dass Pilotprojekte unter besonderen Bedingungen entstehen: hoher Aufmerksamkeit, enger Betreuung und begrenztem Kontext.

Skalierung konfrontiert Systeme mit Realität: unterschiedlichen Nutzungsweisen, variierenden Anforderungen und organisatorischer Vielfalt. Was im Kleinen funktioniert, muss nicht automatisch im Großen tragen.

Pilot und Betrieb sind unterschiedliche Phasen.

13.5 „Akzeptanz lässt sich verordnen“

Akzeptanz wird häufig als Kommunikationsaufgabe betrachtet. Schulungen, Ankündigungen und Leitlinien sollen Nutzung sicherstellen. Diese Maßnahmen sind notwendig, aber nicht ausreichend.

Akzeptanz entsteht durch Erfahrung. Systeme werden genutzt, wenn sie helfen - nicht, weil sie vorgeschrieben sind. Versuche, Akzeptanz zu erzwingen, verstärken oft Ablehnung.

Nutzung ist eine Entscheidung der Anwender.

13.6 „Technische Exzellenz reicht aus"

Technisch saubere Lösungen gelten oft als Erfolgsindikator. Performante Modelle, stabile Systeme und saubere Integration sind wichtig – garantieren jedoch keine Wirkung.

Ohne Einbettung in Entscheidungsprozesse, klare Verantwortung und akzeptierte Nutzung bleibt technische Exzellenz folgenlos.

Technik ist Voraussetzung, nicht Ergebnis.

13.7 „KI ist ein Projekt mit Enddatum"

Viele Initiativen werden als zeitlich begrenzte Projekte aufgesetzt. Ein Startdatum, ein Zieltermin, ein Abschluss. Diese Logik passt nur bedingt zu KI.

Der Einsatz von KI ist ein fortlaufender Prozess. Systeme lernen, Anforderungen ändern sich, Nutzung entwickelt sich weiter. Ein festes Enddatum suggeriert Stabilität, wo Anpassung notwendig ist.

KI endet nicht – sie entwickelt sich.

Ausblick

Im nächsten Kapitel geht es darum, **sinnvoll zu starten, ohne zu überfordern** – und wie Unternehmen erste Schritte gehen können, ohne sich frühzeitig festzulegen.

Kapitel 14

Sinnvoll starten, ohne zu überfordern

Der Einstieg in den Einsatz von Künstlicher Intelligenz ist oft von zwei Extremen geprägt: Entweder wird gezögert, bis scheinbar alles geklärt ist - oder es wird mit großem Anspruch gestartet, der Organisation und Beteiligte überfordert. Beides führt selten zu nachhaltiger Wirkung.

Ein sinnvoller Start ist weder kleinlich noch ambitioniert um jeden Preis. Er ist bewusst gewählt.

14.1 Der Mythos vom perfekten Start

Viele Unternehmen warten auf den richtigen Moment. Auf vollständige Daten, klare Prozesse, stabile Architektur. Dieser Moment kommt selten. Gleichzeitig führt ein Start mit maximalem Anspruch oft zu Komplexität, die den eigentlichen Zweck überdeckt.

Sinnvolle Einstiege akzeptieren Unvollständigkeit. Sie arbeiten mit dem, was vorhanden ist, und schaffen Raum für Lernen und Anpassung.

Perfektion ist kein Startkriterium.

14.2 Klar abgegrenzte Anwendungsfälle

Ein guter Startpunkt zeichnet sich durch klare Abgrenzung aus. Statt mehrere Bereiche gleichzeitig zu adressieren, konzentrieren sich erfolgreiche Initiativen auf einen überschaubaren Anwendungsfall.

Dieser sollte:

- realen Bezug zum Alltag haben,
- eine erkennbare Entscheidung oder Tätigkeit unterstützen,
- und ohne grundlegende Umstrukturierung integrierbar sein.

Begrenzung schafft Fokus – und erhöht die Chance auf Wirkung.

14.3 Erwartungshaltung früh klären

Ein häufiger Fehler besteht darin, Erwartungen offen zu lassen. Beteiligte projizieren dann eigene Vorstellungen auf das Projekt – von sofortiger Effizienzsteigerung bis hin zu strategischer Transformation.

Ein sinnvoller Start macht Erwartungen explizit:

- Was soll erreicht werden?
- Was ist bewusst nicht Ziel?
- Wie wird Erfolg eingeordnet?

Diese Klarheit schützt vor Enttäuschung und erleichtert Bewertung.

14.4 Lernen als explizites Ziel

Gerade zu Beginn sollte Lernen ein gleichwertiges Ziel sein – neben funktionalem Nutzen. Erste Anwendungen liefern Erkenntnisse über Datenqualität, Nutzung, Akzeptanz und organisatorische Auswirkungen.

Wer diesen Lernprozess bewusst einplant, gewinnt Orientierung für weitere Schritte. Wer ihn überspringt, wiederholt Fehler in größerem Maßstab.

Lernen reduziert Risiko.

14.5 Ressourcen realistisch einplanen

Auch kleine Einstiege benötigen Aufmerksamkeit. Zeit für Abstimmung, Anpassung und Reflexion wird häufig unterschätzt. Wird sie nicht eingeplant, entsteht zusätzlicher Druck - und Akzeptanz sinkt.

Ein sinnvoller Start berücksichtigt vorhandene Kapazitäten und integriert sich in bestehende Arbeitsrealität, statt sie zu verdrängen.

14.6 Entscheidungen offenhalten

Frühe Festlegungen auf Plattformen, Anbieter oder Architekturen können spätere Anpassung erschweren. Erfolgreiche Einstiege halten Optionen bewusst offen.

Technische Entscheidungen werden dort getroffen, wo sie notwendig sind - nicht früher. Diese Zurückhaltung erhöht Flexibilität und verhindert unnötige Abhängigkeiten.

14.7 Kleine Schritte, klare Richtung

Ein sinnvoller Start bedeutet nicht, klein zu denken. Er bedeutet, schrittweise vorzugehen - mit klarer Richtung und bewusster Gestaltung.

Unternehmen, die KI erfolgreich einsetzen, beginnen nicht mit einem großen Wurf. Sie beginnen mit einem klaren Schritt, lernen daraus und entwickeln ihre Lösungen weiter.

Ausblick

Im nächsten Kapitel geht es um **Praxisbeispiele aus Unternehmen** - und darum, wie unterschiedliche Organisationen ihren eigenen Weg im Umgang mit KI gefunden haben.

Kapitel 15

Praxisbeispiele aus Unternehmen

Theoretische Konzepte gewinnen an Wert, wenn sie sich in der Praxis bewähren. Die folgenden Beispiele stehen stellvertretend für typische Ausgangslagen und Wege, wie Unternehmen KI sinnvoll einsetzen - nicht als technisches Experiment, sondern als strukturelle Unterstützung im Alltag.

Die Beispiele sind bewusst anonymisiert. Entscheidend ist nicht das Unternehmen selbst, sondern das zugrunde liegende Muster.

15.1 Entscheidungsunterstützung im Management

Ein mittelständisches Industrieunternehmen stand vor der Herausforderung, strategische Entscheidungen auf immer breiterer Informationsbasis treffen zu müssen. Marktanalysen, interne Kennzahlen und Projektberichte lagen vor, waren jedoch auf verschiedene Systeme verteilt.

Statt ein neues Reporting-System einzuführen, wurde eine KI-gestützte Entscheidungsunterstützung aufgebaut. Sie bündelte vorhandene Informationen, stellte Zusammenhänge dar und machte Annahmen transparent. Entscheidungen wurden nicht automatisiert, sondern besser vorbereitet.

Der spürbare Effekt zeigte sich nicht in neuen Kennzahlen, sondern in kürzeren Entscheidungszyklen und fokussierteren Diskussionen auf Führungsebene.

15.2 Entlastung von Fachbereichen

In einem Dienstleistungsunternehmen verbrachten Fachbereiche viel Zeit mit der Aufbereitung von Informationen für interne Abstimmungen. Inhalte wurden wiederholt zusammengefasst, angepasst und neu strukturiert.

Der KI-Einsatz konzentrierte sich auf diese vorbereitenden Tätigkeiten. Informationen wurden automatisch zusammengeführt und kontextbezogen bereitgestellt. Fachbereiche konnten sich stärker auf inhaltliche Bewertung und Entscheidung konzentrieren.

Der Nutzen wurde unmittelbar erlebt: weniger Vorbereitungsaufwand, klarere Abstimmungen und höhere Akzeptanz für das System.

15.3 Wissenszugang ohne Zentralisierung

Ein wachsendes Unternehmen verfügte über umfangreiches Erfahrungswissen, das über Jahre entstanden war. Dieses Wissen war jedoch auf Dokumente, E-Mails und persönliche Ablagen verteilt.

Statt ein zentrales Wissenssystem aufzubauen, wurde ein föderierter Ansatz gewählt. KI machte vorhandene Inhalte auffindbar und kontextualisierte sie, ohne ihre Herkunft zu verändern.

Mitarbeitende konnten schneller auf relevante Informationen zugreifen, ohne neue Prozesse erlernen zu müssen. Das System wurde als Unterstützung wahrgenommen - nicht als zusätzliche Verpflichtung.

15.4 Unterstützung komplexer Abstimmungsprozesse

In einer Organisation mit vielen Schnittstellen führten Abstimmungsprozesse regelmäßig zu Verzögerungen. Informationen wurden mehrfach ausgetauscht, Annahmen blieben implizit.

Eine KI-basierte Lösung bereitete Entscheidungsgrundlagen so auf, dass unterschiedliche Perspektiven sichtbar wurden. Abhängigkeiten, offene Punkte und Entscheidungsoptionen waren transparent.

Das Ergebnis war keine Beschleunigung um jeden Preis, sondern eine Reduktion von Missverständnissen. Entscheidungen wurden bewusster getroffen - und anschließend konsequenter umgesetzt.

15.5 Gemeinsame Muster erfolgreicher Beispiele

Trotz unterschiedlicher Kontexte zeigen sich gemeinsame Muster:

- KI wurde nicht als Ersatz für Entscheidungen eingesetzt,

- bestehende Systeme wurden integriert, nicht ersetzt,
- Nutzen zeigte sich im Alltag, nicht in Präsentationen,
- Verantwortung blieb klar beim Menschen.

Diese Muster sind unabhängig von Branche oder Unternehmensgröße. Sie verdeutlichen, dass Wirkung weniger von Technologie abhängt als von Haltung und Struktur.

Ausblick

Im nächsten Kapitel geht es um **externe Beratung** – und darum, wie Unternehmen Unterstützung sinnvoll einsetzen, ohne Abhängigkeiten zu schaffen.

Kapitel 16

Externe Beratung richtig einsetzen

Externe Beratung spielt in vielen KI-Initiativen eine zentrale Rolle. Sie bringt Erfahrung, methodische Klarheit und einen Blick von außen. Gleichzeitig birgt sie Risiken: Abhängigkeiten, unklare Verantwortlichkeiten und Lösungen, die nicht dauerhaft im Unternehmen verankert sind.

Der Unterschied liegt nicht darin, *ob* externe Unterstützung genutzt wird, sondern *wie*.

16.1 Warum externe Perspektiven wertvoll sind

KI ist ein dynamisches Feld. Technologien, Methoden und Best Practices entwickeln sich schnell. Externe Berater verfügen häufig über Erfahrungen aus unterschiedlichen Organisationen und Kontexten. Diese Perspektive hilft, blinde Flecken zu erkennen und typische Fehler zu vermeiden.

Gerade zu Beginn können externe Impulse Orientierung schaffen – vorausgesetzt, sie ergänzen internes Wissen statt es zu ersetzen.

16.2 Beratung ist kein Ersatz für Verantwortung

Ein häufiger Fehler besteht darin, Verantwortung implizit an externe Partner zu delegieren. Entscheidungen werden vorbereitet, Empfehlungen ausgesprochen – und Verantwortung verschwimmt.

Erfolgreiche Zusammenarbeit trennt klar:

- Externe liefern Perspektiven, Struktur und Umsetzungskompetenz.
- Interne tragen Entscheidung und Verantwortung.

Diese Trennung ist entscheidend für Nachhaltigkeit. Nur wenn Verantwortung intern bleibt, können Lösungen langfristig wirken.

16.3 Rolle und Erwartung klar definieren

Bevor externe Beratung eingebunden wird, sollte geklärt sein, welche Rolle sie einnimmt:

- Sparringspartner für Entscheidungsfindung,
- methodische Unterstützung,
- technische Umsetzung,
- temporäre Entlastung.

Unklare Rollen führen zu unrealistischen Erwartungen – auf beiden Seiten. Klare Definition schafft Verbindlichkeit und verhindert spätere Enttäuschung.

16.4 Wissen im Unternehmen halten

Ein zentrales Kriterium für erfolgreiche Beratung ist der Wissenstransfer. Lösungen dürfen nicht ausschließlich in Präsentationen oder externen Systemen existieren. Wissen muss im Unternehmen verankert werden.

Das bedeutet:

- Dokumentation,
- gemeinsame Entwicklung,
- Einbindung interner Teams.

Externe Unterstützung ist dann erfolgreich, wenn sie sich langfristig überflüssig macht.

16.5 Unabhängigkeit bewahren

Viele Beratungsangebote sind eng mit bestimmten Technologien, Plattformen oder Anbietern verknüpft. Das ist nicht per se problematisch – sollte jedoch transparent sein.

Unternehmen profitieren von Beratung, die Optionen aufzeigt, statt Festlegungen zu erzwingen. Unabhängigkeit bewahrt Handlungsspielraum und verhindert Lock-in-Effekte.

16.6 Beratung als zeitlich begrenzte Phase

Externe Beratung entfaltet ihren größten Nutzen, wenn sie zeitlich begrenzt und zielgerichtet eingesetzt wird. Dauerhafte Abhängigkeiten sind ein Warnsignal – kein Erfolgsmerkmal.

Klare Meilensteine, definierte Übergabepunkte und ein absehbares Ende schaffen Fokus und Verantwortung.

16.7 Zusammenarbeit auf Augenhöhe

Erfolgreiche Beratung basiert auf Zusammenarbeit auf Augenhöhe. Externe Expertise trifft auf internes Kontextwissen. Beide Seiten bringen unterschiedliche Stärken ein.

Wo diese Zusammenarbeit gelingt, entstehen Lösungen, die nicht nur technisch überzeugen, sondern organisatorisch tragen.

Ausblick

Im nächsten Kapitel geht es um **die Rolle von CLARITY Intelligence** – und darum, wie sich dieser Ansatz bewusst von klassischer Beratung unterscheidet.

Kapitel 17

Die Rolle von CLARITY Intelligence

CLARITY Intelligence versteht sich nicht als klassischer Beratungsanbieter und nicht als Technologiepartner im engeren Sinne. Die Rolle liegt dazwischen – und bewusst davor. Ziel ist es, Unternehmen dabei zu unterstützen, tragfähige Entscheidungen über den Einsatz von KI zu treffen, bevor Lösungen gebaut oder Systeme ausgewählt werden.

Der Fokus liegt auf Klarheit.

17.1 Klarheit als Ausgangspunkt

Viele Organisationen suchen nach Lösungen, bevor sie ihre Fragen präzisiert haben. CLARITY Intelligence setzt an einem früheren Punkt an: bei der gemeinsamen Klärung dessen, was erreicht werden soll – und was nicht.

Diese Klarheit betrifft:

- Ziele und Erwartungen,
- Entscheidungsräume,
- Verantwortlichkeiten,
- Grenzen des Machbaren.

Erst wenn diese Aspekte sichtbar sind, entsteht eine belastbare Grundlage für technologische Entscheidungen.

17.2 Strukturieren statt verkaufen

CLARITY Intelligence verfolgt keinen produktzentrierten Ansatz. Es gibt keine vorgefertigten Lösungen, die angepasst werden müssen. Stattdessen wird gemeinsam strukturiert: Informationen, Entscheidungslogiken und Zusammenhänge.

Dieser Ansatz verhindert, dass Technologie zum Selbstzweck wird. Lösungen entstehen aus realen Anforderungen - nicht aus Marktversprechen oder Trenddruck.

Struktur ersetzt Verkaufsargumente.

17.3 Übersetzen zwischen Ebenen

Ein zentrales Element der Arbeit ist die Übersetzungsleistung zwischen unterschiedlichen Ebenen im Unternehmen. Geschäftsführung, Fachbereiche und IT sprechen oft unterschiedliche Sprachen, obwohl sie über dasselbe Thema sprechen.

CLARITY Intelligence schafft Verständigung:

- zwischen strategischer Zielsetzung und operativer Umsetzung,
- zwischen technischer Machbarkeit und organisatorischer Realität,
- zwischen Erwartung und tatsächlicher Wirkung.

Diese Übersetzung ist Voraussetzung für tragfähige Entscheidungen.

17.4 Begleitung statt Abhängigkeit

Die Zusammenarbeit ist bewusst so angelegt, dass Abhängigkeiten vermieden werden. CLARITY Intelligence begleitet Prozesse, befähigt interne Teams und macht sich selbst entbehrlich.

Wissen, Entscheidungslogiken und Strukturen verbleiben im Unternehmen. Externe Unterstützung ist temporär - Wirkung dauerhaft.

17.5 Technologieoffen und unabhängig

CLARITY Intelligence ist nicht an bestimmte Anbieter, Plattformen oder Modelle gebunden. Diese Unabhängigkeit ermöglicht es, Optionen offen zu halten und Entscheidungen an tatsächlichen Anforderungen auszurichten.

Technologie wird gewählt, wenn sie passt - nicht, weil sie verfügbar oder etabliert ist.

17.6 Verantwortung bleibt intern

Ein zentrales Prinzip der Arbeit ist die klare Verortung von Verantwortung. Entscheidungen werden nicht ausgelagert, sondern bewusst vorbereitet.

CLARITY Intelligence unterstützt bei Analyse, Strukturierung und Einordnung. Die Entscheidung selbst bleibt beim Unternehmen. Diese Trennung schafft Sicherheit und Vertrauen – insbesondere auf Führungsebene.

17.7 Wirkung durch Haltung

Die Rolle von CLARITY Intelligence lässt sich nicht auf Methoden oder Modelle reduzieren. Sie ist Ausdruck einer Haltung: Klarheit vor Aktion, Struktur vor Technik, Verantwortung vor Automatisierung.

Dort, wo diese Haltung geteilt wird, entstehen Lösungen mit Wirkung.

Ausblick

Im nächsten Kapitel geht es um einen abschließenden Blick nach vorn – **souverän mit Unsicherheit umgehen** – und darum, warum genau diese Fähigkeit im Umgang mit KI entscheidend ist.

Kapitel 18

Ausblick: souverän mit Unsicherheit umgehen

Der Umgang mit Künstlicher Intelligenz ist kein abgeschlossenes Kapitel. Technologien entwickeln sich weiter, Erwartungen verschieben sich, neue Möglichkeiten entstehen. Was bleibt, ist Unsicherheit. Nicht als Ausnahme, sondern als Normalzustand.

Souveränität im Umgang mit KI bedeutet nicht, diese Unsicherheit zu beseitigen. Sie bedeutet, sie anzuerkennen und konstruktiv zu gestalten.

18.1 Unsicherheit als Führungsrealität

Führung war schon immer mit Unsicherheit verbunden. KI verstärkt diese Situation, weil sie Entscheidungsgrundlagen erweitert, Optionen vervielfacht und Gewissheiten infrage stellt.

Die Versuchung ist groß, Unsicherheit durch Technologie zu kompensieren: mehr Daten, mehr Modelle, mehr Automatisierung. In der Praxis zeigt sich jedoch, dass Unsicherheit dadurch selten verschwindet – sie verlagert sich lediglich.

Souveräne Führung akzeptiert Unsicherheit als Teil der Realität.

18.2 Entscheidungen bleiben notwendig

KI kann Entscheidungen vorbereiten, strukturieren und unterstützen. Sie kann Optionen sichtbar machen und Konsequenzen aufzeigen. Was sie nicht kann, ist die Entscheidung selbst abnehmen.

Diese Erkenntnis ist entlastend. Sie erinnert daran, dass Verantwortung nicht delegiert werden muss, sondern bewusst getragen werden kann – auch auf Basis komplexer Informationslagen.

Entscheidungen bleiben notwendig. Und sie bleiben menschlich.

18.3 Klarheit statt Gewissheit

Viele Diskussionen rund um KI drehen sich um Gewissheit: um Vorhersagbarkeit, Kontrolle und Sicherheit. Diese Erwartungen sind verständlich, aber oft unrealistisch.

Klarheit ist ein realistischeres Ziel. Sie bedeutet:

- zu wissen, was man tut,
- warum man es tut,
- und welche Annahmen dahinterstehen.

Klarheit ersetzt keine Gewissheit, schafft aber Orientierung – auch unter Unsicherheit.

18.4 Technologie als Begleiter, nicht als Treiber

Dort, wo KI zum Treiber wird, verlieren Organisationen leicht die Kontrolle über Richtung und Tempo. Technologie gibt dann vor, was möglich scheint - nicht, was sinnvoll ist.

Ein souveräner Umgang ordnet Technologie ein. KI begleitet Entscheidungen, sie treibt sie nicht. Sie erweitert Handlungsspielräume, ohne sie zu diktieren.

18.5 Reife zeigt sich im Umgang mit Grenzen

Reife Organisationen erkennen ihre Grenzen - und gehen bewusst mit ihnen um. Sie nutzen KI dort, wo sie unterstützt, und verzichten dort, wo sie Unsicherheit erhöht oder Verantwortung verwischt.

Diese Fähigkeit zur Abgrenzung ist kein Zeichen von Vorsicht, sondern von Stärke. Sie ermöglicht nachhaltige Nutzung statt kurzfristiger Effekte.

18.6 Ein fortlaufender Prozess

Der Umgang mit KI ist kein Zustand, der erreicht wird. Er ist ein fortlaufender Prozess aus Lernen, Anpassen und Reflektieren.

Organisationen, die diesen Prozess bewusst gestalten, bleiben handlungsfähig - auch wenn sich Technologien, Märkte und Rahmenbedingungen verändern.

18.7 Souveränität als Ziel

Souveränität bedeutet, Entscheidungen bewusst zu treffen - auf Basis von Klarheit, Struktur und Verantwortung. KI kann diesen Zustand unterstützen, aber nicht ersetzen.

Dort, wo diese Souveränität vorhanden ist, wird KI zu einem wertvollen Werkzeug. Nicht, weil sie alles kann, sondern weil sie richtig eingeordnet ist.

Epilog

Dieses Buch endet ohne Checkliste und ohne abschließende Empfehlung. Nicht, weil es an Antworten fehlt, sondern weil Klarheit selten aus fertigen Lösungen entsteht.

Künstliche Intelligenz wird weiter an Bedeutung gewinnen. Systeme werden leistungsfähiger, Anwendungsfälle vielfältiger, Erwartungen höher. Gleichzeitig bleibt eine Konstante bestehen: Verantwortung lässt sich nicht automatisieren.

Der eigentliche Wert von KI liegt nicht darin, Entscheidungen abzunehmen, sondern darin, Entscheidungsräume zu strukturieren. Sie kann Orientierung schaffen, Zusammenhänge sichtbar machen und Unsicherheit reduzieren. Sie kann Verantwortung jedoch nicht ersetzen.

Dieses Buch wollte keine Methode etablieren und kein Framework verkaufen. Es wollte einen Denkraum öffnen – für einen nüchternen, verantwortungsvollen Umgang mit Technologie in Organisationen, die unter realen Bedingungen handeln.

Wenn es dazu beiträgt, KI ruhiger einzuordnen, bewusster einzusetzen und nicht als Heilsversprechen zu betrachten, dann hat es seinen Zweck erfüllt.

Zum Autor

Timo Westrich arbeitet an der Schnittstelle von Strategie, Organisation und Technologie. Mit **CLARITY Intelligence** begleitet er Unternehmen dabei, Künstliche Intelligenz nicht als Selbstzweck zu verstehen, sondern als Werkzeug zur Strukturierung von Information, Entscheidungen und Zusammenarbeit.

Sein Fokus liegt auf Denkweisen, Architekturen und verantwortungsvoller Umsetzung – nicht auf kurzfristigen Trends oder isolierten Technologien. Ziel seiner Arbeit ist es, Komplexität beherrschbar zu machen, ohne sie künstlich zu vereinfachen.

Inhaltsverzeichnis

www.ingramcontent.com/pod-product-compliance
Lightning Source LLC
LaVergne TN
LVHW050750051026
849532LV00008B/2822
* 9 7 8 3 9 8 2 7 6 9 9 8 1 *